Bibi & Tina

Ich wohne in: _____

Meine Straße: _____

Meine Telefonnummer: _____

Meine Handynummer: _____

Meine E-Mail-Adresse: _____

So heißt meine Schule: _____

Ich gehe in diese Klasse: _____

Mein Stundenplan

Stunde	Zeit	Montag	Dienstag	Mittwoch	Donnerstag	Freitag

Stunde	Zeit	Montag	Dienstag	Mittwoch	Donnerstag	Freitag

Jahreskalender 2016/17

August 2016

1 Mo	
2 Di	
3 Mi	
4 Do	
5 Fr	
6 Sa	
7 So	
8 Mo	
9 Di	
10 Mi	
11 Do	
12 Fr	
13 Sa	
14 So	
15 Mo	Mariä Himmelfahrt
16 Di	
17 Mi	
18 Do	
19 Fr	
20 Sa	
21 So	
22 Mo	
23 Di	
24 Mi	
25 Do	
26 Fr	
27 Sa	
28 So	
29 Mo	
30 Di	
31 Mi	

September 2016

1 Do	
2 Fr	
3 Sa	
4 So	
5 Mo	
6 Di	
7 Mi	
8 Do	
9 Fr	
10 Sa	
11 So	
12 Mo	
13 Di	
14 Mi	
15 Do	
16 Fr	
17 Sa	
18 So	
19 Mo	
20 Di	
21 Mi	
22 Do	
23 Fr	
24 Sa	
25 So	
26 Mo	
27 Di	
28 Mi	
29 Do	
30 Fr	

Oktober 2016

1 Sa	
2 So	
3 Mo	Tag der Deutschen Einheit
4 Di	
5 Mi	
6 Do	
7 Fr	
8 Sa	
9 So	
10 Mo	
11 Di	
12 Mi	
13 Do	
14 Fr	
15 Sa	
16 So	
17 Mo	
18 Di	
19 Mi	
20 Do	
21 Fr	
22 Sa	
23 So	
24 Mo	
25 Di	
26 Mi	
27 Do	
28 Fr	
29 Sa	
30 So	
31 Mo	Reformationstag

November 2016

1 Di	Allerheiligen
2 Mi	
3 Do	
4 Fr	
5 Sa	
6 So	
7 Mo	
8 Di	
9 Mi	
10 Do	
11 Fr	
12 Sa	
13 So	
14 Mo	
15 Di	
16 Mi	Buß- und Bettag
17 Do	
18 Fr	
19 Sa	
20 So	
21 Mo	
22 Di	
23 Mi	
24 Do	
25 Fr	
26 Sa	
27 So	
28 Mo	
29 Di	
30 Mi	

Dezember 2016

1 Do	
2 Fr	
3 Sa	
4 So	
5 Mo	
6 Di	
7 Mi	
8 Do	
9 Fr	
10 Sa	
11 So	
12 Mo	
13 Di	
14 Mi	
15 Do	
16 Fr	
17 Sa	
18 So	
19 Mo	
20 Di	
21 Mi	
22 Do	
23 Fr	
24 Sa	
25 So	1. Weihnachtsfeiertag
26 Mo	2. Weihnachtsfeiertag
27 Di	
28 Mi	
29 Do	
30 Fr	
31 Sa	

Januar 2017

1 So	Neujahr
2 Mo	
3 Di	
4 Mi	
5 Do	
6 Fr	Heilige Drei Könige
7 Sa	
8 So	
9 Mo	
10 Di	
11 Mi	
12 Do	
13 Fr	
14 Sa	
15 So	
16 Mo	
17 Di	
18 Mi	
19 Do	
20 Fr	
21 Sa	
22 So	
23 Mo	
24 Di	
25 Mi	
26 Do	
27 Fr	
28 Sa	
29 So	
30 Mo	
31 Di	

Februar 2017		März 2017		April 2017	
1 Mi		1 Mi		1 Sa	
2 Do		2 Do		2 So	
3 Fr		3 Fr		3 Mo	
4 Sa		4 Sa		4 Di	
5 So		5 So		5 Mi	
6 Mo		6 Mo		6 Do	
7 Di		7 Di		7 Fr	
8 Mi		8 Mi		8 Sa	
9 Do		9 Do		9 So	
10 Fr		10 Fr		10 Mo	
11 Sa		11 Sa		11 Di	
12 So		12 So		12 Mi	
13 Mo		13 Mo		13 Do	
14 Di		14 Di		14 Fr	Karfreitag
15 Mi		15 Mi		15 Sa	
16 Do		16 Do		16 So	Ostersonntag
17 Fr		17 Fr		17 Mo	Ostermontag
18 Sa		18 Sa		18 Di	
19 So		19 So		19 Mi	
20 Mo		20 Mo		20 Do	
21 Di		21 Di		21 Fr	
22 Mi		22 Mi		22 Sa	
23 Do		23 Do		23 So	
24 Fr		24 Fr		24 Mo	
25 Sa		25 Sa		25 Di	
26 So		26 So		26 Mi	
27 Mo		27 Mo		27 Do	
28 Di		28 Di		28 Fr	
		29 Mi		29 Sa	
		30 Do		30 So	
		31 Fr			

Mai 2017		Juni 2017		Juli 2017	
1 Mo	Tag der Arbeit	1 Do		1 Sa	
2 Di		2 Fr		2 So	
3 Mi		3 Sa		3 Mo	
4 Do		4 So	Pfingstsonntag	4 Di	
5 Fr		5 Mo	Pfingstmontag	5 Mi	
6 Sa		6 Di		6 Do	
7 So		7 Mi		7 Fr	
8 Mo		8 Do		8 Sa	
9 Di		9 Fr		9 So	
10 Mi		10 Sa		10 Mo	
11 Do		11 So		11 Di	
12 Fr		12 Mo		12 Mi	
13 Sa		13 Di		13 Do	
14 So		14 Mi		14 Fr	
15 Mo		15 Do	Fronleichnam	15 Sa	
16 Di		16 Fr		16 So	
17 Mi		17 Sa		17 Mo	
18 Do		18 So		18 Di	
19 Fr		19 Mo		19 Mi	
20 Sa		20 Di		20 Do	
21 So		21 Mi		21 Fr	
22 Mo		22 Do		22 Sa	
23 Di		23 Fr		23 So	
24 Mi		24 Sa		24 Mo	
25 Do	Christi Himmelfahrt	25 So		25 Di	
26 Fr		26 Mo		26 Mi	
27 Sa		27 Di		27 Do	
28 So		28 Mi		28 Fr	
29 Mo		29 Do		29 Sa	
30 Di		30 Fr		30 So	
31 Mi				31 Mo	

Jahreskalender 2017/18

August 2017

1 Di	
2 Mi	
3 Do	
4 Fr	
5 Sa	
6 So	
7 Mo	
8 Di	
9 Mi	
10 Do	
11 Fr	
12 Sa	
13 So	
14 Mo	
15 Di	Mariä Himmelfahrt
16 Mi	
17 Do	
18 Fr	
19 Sa	
20 So	
21 Mo	
22 Di	
23 Mi	
24 Do	
25 Fr	
26 Sa	
27 So	
28 Mo	
29 Di	
30 Mi	
31 Do	

September 2017

1 Fr	
2 Sa	
3 So	
4 Mo	
5 Di	
6 Mi	
7 Do	
8 Fr	
9 Sa	
10 So	
11 Mo	
12 Di	
13 Mi	
14 Do	
15 Fr	
16 Sa	
17 So	
18 Mo	
19 Di	
20 Mi	
21 Do	
22 Fr	
23 Sa	
24 So	
25 Mo	
26 Di	
27 Mi	
28 Do	
29 Fr	
30 Sa	

Oktober 2017

1 So	
2 Mo	
3 Di	Tag der Deutschen Einheit
4 Mi	
5 Do	
6 Fr	
7 Sa	
8 So	
9 Mo	
10 Di	
11 Mi	
12 Do	
13 Fr	
14 Sa	
15 So	
16 Mo	
17 Di	
18 Mi	
19 Do	
20 Fr	
21 Sa	
22 So	
23 Mo	
24 Di	
25 Mi	
26 Do	
27 Fr	
28 Sa	
29 So	
30 Mo	
31 Di	Reformationstag

November 2017

1 Mi	Allerheiligen
2 Do	
3 Fr	
4 Sa	
5 So	
6 Mo	
7 Di	
8 Mi	
9 Do	
10 Fr	
11 Sa	
12 So	
13 Mo	
14 Di	
15 Mi	
16 Do	
17 Fr	
18 Sa	
19 So	
20 Mo	
21 Di	
22 Mi	Buß- und Bettag
23 Do	
24 Fr	
25 Sa	
26 So	
27 Mo	
28 Di	
29 Mi	
30 Do	

Dezember 2017

1 Fr	
2 Sa	
3 So	
4 Mo	
5 Di	
6 Mi	
7 Do	
8 Fr	
9 Sa	
10 So	
11 Mo	
12 Di	
13 Mi	
14 Do	
15 Fr	
16 Sa	
17 So	
18 Mo	
19 Di	
20 Mi	
21 Do	
22 Fr	
23 Sa	
24 So	
25 Mo	1. Weihnachtsfeiertag
26 Di	2. Weihnachtsfeiertag
27 Mi	
28 Do	
29 Fr	
30 Sa	
31 So	

Januar 2018

1 Mo	Neujahr
2 Di	
3 Mi	
4 Do	
5 Fr	
6 Sa	Heilige Drei Könige
7 So	
8 Mo	
9 Di	
10 Mi	
11 Do	
12 Fr	
13 Sa	
14 So	
15 Mo	
16 Di	
17 Mi	
18 Do	
19 Fr	
20 Sa	
21 So	
22 Mo	
23 Di	
24 Mi	
25 Do	
26 Fr	
27 Sa	
28 So	
29 Mo	
30 Di	
31 Mi	

Februar 2018

1	Do
2	Fr
3	Sa
4	So
5	Mo
6	Di
7	Mi
8	Do
9	Fr
10	Sa
11	So
12	Mo
13	Di
14	Mi
15	Do
16	Fr
17	Sa
18	So
19	Mo
20	Di
21	Mi
22	Do
23	Fr
24	Sa
25	So
26	Mo
27	Di
28	Mi

März 2018

1	Do
2	Fr
3	Sa
4	So
5	Mo
6	Di
7	Mi
8	Do
9	Fr
10	Sa
11	So
12	Mo
13	Di
14	Mi
15	Do
16	Fr
17	Sa
18	So
19	Mo
20	Di
21	Mi
22	Do
23	Fr
24	Sa
25	So
26	Mo
27	Di
28	Mi
29	Do
30	Fr Karfreitag
31	Sa

April 2018

1	So Ostersonntag
2	Mo Ostermontag
3	Di
4	Mi
5	Do
6	Fr
7	Sa
8	So
9	Mo
10	Di
11	Mi
12	Do
13	Fr
14	Sa
15	So
16	Mo
17	Di
18	Mi
19	Do
20	Fr
21	Sa
22	So
23	Mo
24	Di
25	Mi
26	Do
27	Fr
28	Sa
29	So
30	Mo

Mai 2018

1	Di Tag der Arbeit
2	Mi
3	Do
4	Fr
5	Sa
6	So
7	Mo
8	Di
9	Mi
10	Do Christi Himmelfahrt
11	Fr
12	Sa
13	So
14	Mo
15	Di
16	Mi
17	Do
18	Fr
19	Sa
20	So Pfingstsonntag
21	Mo Pfingstmontag
22	Di
23	Mi
24	Do
25	Fr
26	Sa
27	So
28	Mo
29	Di
30	Mi
31	Do Fronleichnam

Juni 2018

1	Fr
2	Sa
3	So
4	Mo
5	Di
6	Mi
7	Do
8	Fr
9	Sa
10	So
11	Mo
12	Di
13	Mi
14	Do
15	Fr
16	Sa
17	So
18	Mo
19	Di
20	Mi
21	Do
22	Fr
23	Sa
24	So
25	Mo
26	Di
27	Mi
28	Do
29	Fr
30	Sa

Juli 2018

1	So
2	Mo
3	Di
4	Mi
5	Do
6	Fr
7	Sa
8	So
9	Mo
10	Di
11	Mi
12	Do
13	Fr
14	Sa
15	So
16	Mo
17	Di
18	Mi
19	Do
20	Fr
21	Sa
22	So
23	Mo
24	Di
25	Mi
26	Do
27	Fr
28	Sa
29	So
30	Mo
31	Di

Jahreskalender 2018/19

August 2018

1 Mi	
2 Do	
3 Fr	
4 Sa	
5 So	
6 Mo	
7 Di	
8 Mi	
9 Do	
10 Fr	
11 Sa	
12 So	
13 Mo	
14 Di	
15 Mi	Mariä Himmelfahrt
16 Do	
17 Fr	
18 Sa	
19 So	
20 Mo	
21 Di	
22 Mi	
23 Do	
24 Fr	
25 Sa	
26 So	
27 Mo	
28 Di	
29 Mi	
30 Do	
31 Fr	

September 2018

1 Sa	
2 So	
3 Mo	
4 Di	
5 Mi	
6 Do	
7 Fr	
8 Sa	
9 So	
10 Mo	
11 Di	
12 Mi	
13 Do	
14 Fr	
15 Sa	
16 So	
17 Mo	
18 Di	
19 Mi	
20 Do	
21 Fr	
22 Sa	
23 So	
24 Mo	
25 Di	
26 Mi	
27 Do	
28 Fr	
29 Sa	
30 So	

Oktober 2018

1 Mo	
2 Di	
3 Mi	Tag der Deutschen Einheit
4 Do	
5 Fr	
6 Sa	
7 So	
8 Mo	
9 Di	
10 Mi	
11 Do	
12 Fr	
13 Sa	
14 So	
15 Mo	
16 Di	
17 Mi	
18 Do	
19 Fr	
20 Sa	
21 So	
22 Mo	
23 Di	
24 Mi	
25 Do	
26 Fr	
27 Sa	
28 So	
29 Mo	
30 Di	
31 Mi	Reformationstag

November 2018

1 Do	Allerheiligen
2 Fr	
3 Sa	
4 So	
5 Mo	
6 Di	
7 Mi	
8 Do	
9 Fr	
10 Sa	
11 So	
12 Mo	
13 Di	
14 Mi	
15 Fr	
16 Fr	
17 Sa	
18 So	
19 Mo	
20 Di	
21 Mi	Buß- und Bettag
22 Do	
23 Fr	
24 Sa	
25 So	
26 Mo	
27 Di	
28 Mi	
29 Do	
30 Fr	

Dezember 2018

1 Sa	
2 So	
3 Mo	
4 Di	
5 Mi	
6 Do	
7 Fr	
8 Sa	
9 So	
10 Mo	
11 Di	
12 Mi	
13 Do	
14 Fr	
15 Sa	
16 So	
17 Mo	
18 Di	
19 Mi	
20 Do	
21 Fr	
22 Sa	
23 So	
24 Mo	
25 Di	1. Weihnachtsfeiertag
26 Mi	2. Weihnachtsfeiertag
27 Do	
28 Fr	
29 Sa	
30 So	
31 Mo	

Januar 2019

1 Di	Neujahr
2 Mi	
3 Do	
4 Fr	
5 Sa	
6 So	Heilige Drei Könige
7 Mo	
8 Di	
9 Mi	
10 Do	
11 Fr	
12 Sa	
13 So	
14 Mo	
15 Di	
16 Mi	
17 Do	
18 Fr	
19 Sa	
20 So	
21 Mo	
22 Di	
23 Mi	
24 Do	
25 Fr	
26 Sa	
27 So	
28 Mo	
29 Di	
30 Mi	
31 Do	

Februar 2019

1	Fr	
2	Sa	
3	So	
4	Mo	
5	Di	
6	Mi	
7	Do	
8	Fr	
9	Sa	
10	So	
11	Mo	
12	Di	
13	Mi	
14	Do	
15	Fr	
16	Sa	
17	So	
18	Mo	
19	Di	
20	Mi	
21	Do	
22	Fr	
23	Sa	
24	So	
25	Mo	
26	Di	
27	Mi	
28	Do	

März 2019

1	Fr	
2	Sa	
3	So	
4	Mo	
5	Di	
6	Mi	
7	Do	
8	Fr	
9	Sa	
10	So	
11	Mo	
12	Di	
13	Mi	
14	Do	
15	Fr	
16	Sa	
17	So	
18	Mo	
19	Di	
20	Mi	
21	Do	
22	Fr	
23	Sa	
24	So	
25	Mo	
26	Di	
27	Mi	
28	Do	
29	Fr	
30	Sa	
31	So	

April 2019

1	Mo	
2	Di	
3	Mi	
4	Do	
5	Fr	
6	Sa	
7	So	
8	Mo	
9	Di	
10	Mi	
11	Do	
12	Fr	
13	Sa	
14	So	
15	Mo	
16	Di	
17	Mi	
18	Do	
19	Fr	Karfreitag
20	Sa	
21	So	Ostersonntag
22	Mo	Ostermontag
23	Di	
24	Mi	
25	Do	
26	Fr	
27	Sa	
28	So	
29	Mo	
30	Di	

Mai 2019

1	Mi	Tag der Arbeit
2	Do	
3	Fr	
4	Sa	
5	So	
6	Mo	
7	Di	
8	Mi	
9	Do	
10	Fr	
11	Sa	
12	So	
13	Mo	
14	Di	
15	Mi	
16	Do	
17	Fr	
18	Sa	
19	So	
20	Mo	
21	Di	
22	Mi	
23	Do	
24	Fr	
25	Sa	
26	So	
27	Mo	
28	Di	
29	Mi	
30	Do	Christi Himmelfahrt
31	Fr	

Juni 2019

1	Sa	
2	So	
3	Mo	
4	Di	
5	Mi	
6	Do	
7	Fr	
8	Sa	
9	So	Pfingstsonntag
10	Mo	Pfingstmontag
11	Di	
12	Mi	
13	Do	
14	Fr	
15	Sa	
16	So	
17	Mo	
18	Di	
19	Mi	
20	Do	Fronleichnam
21	Fr	
22	Sa	
23	So	
24	Mo	
25	Di	
26	Mi	
27	Do	
28	Fr	
29	Sa	
30	So	

Juli 2019

1	Mo	
2	Di	
3	Mi	
4	Do	
5	Fr	
6	Sa	
7	So	
8	Mo	
9	Di	
10	Mi	
11	Do	
12	Fr	
13	Sa	
14	So	
15	Mo	
16	Di	
17	Mi	
18	Do	
19	Fr	
20	Sa	
21	So	
22	Mo	
23	Di	
24	Mi	
25	Do	
26	Fr	
27	Sa	
28	So	
29	Mo	
30	Di	
31	Mi	

Meine Feiertage 2016/17

Gesetzliche Feiertage

Datum	Feiertag	Bundesland
15.08.16	Mariä Himmelfahrt	BY, SL
03.10.16	Tag der Deutschen Einheit	alle Bundesländer
31.10.16	Reformationstag	BB, MV, SN, ST, TH
01.11.16	Allerheiligen	BW, BY, NW, RP, SL
16.11.16	Buß- und Bettag	SN
25.12.16	1. Weihnachtsfeiertag	alle Bundesländer
26.12.16	2. Weihnachtsfeiertag	alle Bundesländer
01.01.17	Neujahr	alle Bundesländer
06.01.17	Heilige Drei Könige	BW, BY, ST
14.04.17	Karfreitag	alle Bundesländer
16.04.17	Ostersonntag	alle Bundesländer
17.04.17	Ostermontag	alle Bundesländer
01.05.17	Tag der Arbeit	alle Bundesländer
25.05.17	Christi Himmelfahrt	alle Bundesländer
04.06.17	Pfingstsonntag	alle Bundesländer
05.06.17	Pfingstmontag	alle Bundesländer
15.06.17	Fronleichnam	BW, BY, HE, NW, RP, SL

Nicht gesetzliche Feiertage

Datum	Feiertag	Datum	Feiertag
02.10.16	Erntedankfest	24.12.16	Heiligabend
31.10.16	Halloween	31.12.16	Silvester
27.11.16	1. Advent	27.02.17	Rosenmontag
04.12.16	2. Advent	28.02.17	Fastnacht
06.12.16	Nikolaus	01.03.17	Aschermittwoch
11.12.16	3. Advent	13.04.17	Gründonnerstag
18.12.16	4. Advent	14.05.17	Muttertag

BB = Brandenburg, BW = Baden-Württemberg, BY = Bayern, HE = Hessen,
MV = Mecklenburg-Vorpommern, NW = Nordrhein-Westfalen, RP = Rheinland-Pfalz,
SL = Saarland, SN = Sachsen, ST = Sachsen-Anhalt, TH = Thüringen

Meine Feiertage 2017/18

Gesetzliche Feiertage

Datum	Feiertag	Bundesland
15.08.17	Mariä Himmelfahrt	BY, SL
03.10.17	Tag der Deutschen Einheit	alle Bundesländer
31.10.17	Reformationstag	alle Bundesländer
01.11.17	Allerheiligen	BW, BY, NW, RP, SL
22.11.17	Buß- und Bettag	SN
25.12.17	1. Weihnachtsfeiertag	alle Bundesländer
26.12.17	2. Weihnachtsfeiertag	alle Bundesländer
01.01.18	Neujahr	alle Bundesländer
06.01.18	Heilige Drei Könige	BW, BY, ST
30.03.18	Karfreitag	alle Bundesländer
01.04.18	Ostersonntag	alle Bundesländer
02.04.18	Ostermontag	alle Bundesländer
01.05.18	Tag der Arbeit	alle Bundesländer
10.05.18	Christi Himmelfahrt	alle Bundesländer
20.05.18	Pfingstsonntag	alle Bundesländer
21.05.18	Pfingstmontag	alle Bundesländer
31.05.18	Fronleichnam	BW, BY, HE, NW, RP, SL

Nicht gesetzliche Feiertage

Datum	Feiertag	Datum	Feiertag
01.10.17	Erntedankfest	24.12.17	Heiligabend
31.10.17	Halloween	31.12.17	Silvester
03.12.17	1. Advent	12.02.18	Rosenmontag
06.12.17	Nikolaus	13.02.18	Fastnacht
10.12.17	2. Advent	14.02.18	Aschermittwoch
17.12.17	3. Advent	29.03.18	Gründonnerstag
24.12.17	4. Advent	13.05.18	Muttertag

BB = Brandenburg, BW = Baden-Württemberg, BY = Bayern, HE = Hessen,
MV = Mecklenburg-Vorpommern, NW = Nordrhein-Westfalen, RP = Rheinland-Pfalz,
SL = Saarland, SN = Sachsen, ST = Sachsen-Anhalt, TH = Thüringen

Meine Feiertage 2018/19

Gesetzliche Feiertage

Datum	Feiertag	Bundesland
15.08.18	Mariä Himmelfahrt	BY, SL
03.10.18	Tag der Deutschen Einheit	alle Bundesländer
31.10.18	Reformationstag	BB, MV, SN, ST, TH
01.11.18	Allerheiligen	BW, BY, NW, RP, SL
21.11.18	Buß- und Bettag	SN
25.12.18	1. Weihnachtsfeiertag	alle Bundesländer
26.12.18	2. Weihnachtsfeiertag	alle Bundesländer
01.01.19	Neujahr	alle Bundesländer
06.01.19	Heilige Drei Könige	BW, BY, ST
19.04.19	Karfreitag	alle Bundesländer
21.04.19	Ostersonntag	alle Bundesländer
22.04.19	Ostermontag	alle Bundesländer
01.05.19	Tag der Arbeit	alle Bundesländer
30.05.19	Christi Himmelfahrt	alle Bundesländer
09.06.19	Pfingstsonntag	alle Bundesländer
10.06.19	Pfingstmontag	alle Bundesländer
20.06.19	Fronleichnam	BW, BY, HE, NW, RP, SL

Nicht gesetzliche Feiertage

Datum	Feiertag	Datum	Feiertag
07.10.18	Erntedankfest	24.12.18	Heiligabend
31.10.18	Halloween	31.12.18	Silvester
02.12.18	1. Advent	04.03.19	Rosenmontag
06.12.18	Nikolaus	05.03.19	Fastnacht
09.12.18	2. Advent	06.03.19	Aschermittwoch
16.12.18	3. Advent	18.04.19	Gründonnerstag
23.12.18	4. Advent	12.05.19	Muttertag

BB = Brandenburg, BW = Baden-Württemberg, BY = Bayern, HE = Hessen,
MV = Mecklenburg-Vorpommern, NW = Nordrhein-Westfalen, RP = Rheinland-Pfalz,
SL = Saarland, SN = Sachsen, ST = Sachsen-Anhalt, TH = Thüringen

Meine wichtigsten Geburtstage

Name	Geburtsdatum	Geschenkidee

Ferienkalender 2016/17

> Juchhu, Ferien! Endlich geht es wieder zum Martinshof!

Land*	Herbst 2016	Weihnachten 2016/2017
Baden-Württemberg (3)	02.11.–04.11.	23.12.–07.01.
Bayern	31.10.–04.11.	24.12.–05.01.
Berlin	17.10.–28.10.	23.12.–03.01.
Brandenburg (3)	17.10.–28.10.	23.12.–03.01.
Bremen (1)	04.10.–15.10.	21.12.–06.01.
Hamburg	17.10.–28.10.	27.12.–06.01.
Hessen (3)	17.10.–29.10.	22.12.–07.01.
Mecklenburg-Vorpommern (3)	24.10.–28.10.	22.12.–02.01.
Niedersachsen	04.10.–15.10.	21.12.–06.01.
Nordrhein-Westfalen (3)	10.10.–21.10.	23.12.–06.01.
Rheinland-Pfalz (4)	10.10.–21.10.	22.12.–06.01.
Saarland (2)	10.10.–22.10.	19.12.–31.12.
Sachsen (2)	03.10.–15.10.	23.12.–02.01.
Sachsen-Anhalt (1)	04.10.–15.10.	19.12.–02.01.
Schleswig-Holstein (3)	17.10.–29.10.	23.12.–06.01.
Thüringen	10.10.–22.10.	23.12.–31.12.

* In Klammern ist die Zahl der beweglichen Ferientage angegeben. Alle Angaben ohne Gewähr. Nachträgliche Änderungen einzelner Bundesländer sind vorbehalten.

Winter 2017	Ostern / Frühjahr 2017	Himmelfahrt / Pfingsten 2017	Sommer 2017
–	10.04.–21.04.	06.06.–16.06.	27.07.–09.09.
27.02.–03.03.	10.04.–22.04.	06.06.–16.06.	29.07.–11.09.
30.01.–04.02.	10.04.–18.04.	24.05./26.05. und 06.06.–09.06.	20.07.–01.09.
30.01.–04.02.	12.04.–22.04.	–	20.07.–01.09.
30.01.–31.01.	10.04.–22.04.	06.06.	22.06.–02.08.
30.01.	06.03.–17.03.	22.05.–26.05.	20.07.–30.08.
–	03.04.–15.04.	–	03.07.–11.08.
06.02.–18.02.	10.04.–19.04.	02.06.–06.06.	24.07.–02.09.
30.01.–31.01.	10.04.–22.04.	26.05./06.06.	22.06.–02.08.
–	10.04.–22.04.	06.06.	17.07.–29.08.
–	10.04.–21.04.	–	03.07.–11.08.
27.02.–04.03.	10.04.–22.04.	–	03.07.–14.08.
13.02.–24.02.	13.04.–22.04.	26.05.	26.06.–04.08.
04.02.–11.02.	10.04.–13.04.	26.05.	26.06.–09.08.
–	07.04.–21.04.	26.05.	24.07.–02.09.
06.02.–11.02.	10.04.–21.04.	26.05.	26.06.–09.08.

Ferienkalender 2017/18

Land*	Herbst 2017	Weihnachten 2017/2018
Baden-Württemberg (4)	30.10.–03.11.	22.12.–05.01.
Bayern	*30.10.–03.11.*	23.12.–05.01.
Berlin	*02.10./* 23.10.–04.11.	21.12.–02.01.
Brandenburg (3)	23.10.–04.11.	21.12.–02.01.
Bremen	02.10.–14.10./ 30.10.	22.12.–06.01.
Hamburg	*02.10./* 16.10.–27.10.	22.12.–05.01.
Hessen (3)	09.10.–21.10.	24.12.–13.01.
Mecklenburg-Vorpommern (3)	23.10.–28.10.	21.12.–03.01.
Niedersachsen	02.10.–13.10./ 30.10.	22.12.–05.01.
Nordrhein-Westfalen (4)	23.10.–04.11.	27.12.–06.01.
Rheinland-Pfalz (6)	02.10.–13.10.	22.12.–09.01.
Saarland (2)	02.10.–14.10.	21.12.–05.01.
Sachsen (2)	02.10.–14.10./ *30.10.*	23.12.–02.01.
Sachsen-Anhalt	02.10.–13.10./ 30.10.	21.12.–03.01.
Schleswig-Holstein (2)	16.10.–27.10.	21.12.–06.01.
Thüringen (2)	02.10.–14.10.	22.12.–05.01.

Besuchst du mich in den nächsten Ferien wieder?

* In Klammern ist die Zahl der beweglichen Ferientage angegeben.
Alle Angaben ohne Gewähr. Nachträgliche Änderungen einzelner
Bundesländer sind vorbehalten.

Winter 2018	Ostern/ Frühjahr 2018	Himmelfahrt/ Pfingsten 2018	Sommer 2018
–	26.03.–06.04.	22.05.–02.06.	26.07.–08.09.
12.02.–16.02.	26.03.–07.04.	22.05.–02.06.	30.07.–10.09.
05.02.–10.02.	26.03.–06.04.	*30.04./11.05./ 22.05.*	05.07.–17.08.
05.02.–10.02.	26.03.–06.04.	–	05.07.–18.08.
01.02.–02.02.	19.03.–03.04.	30.04./11.05./ 22.05.	28.06.–08.08.
02.02.	05.03.–16.03.	30.04./ 07.05.–11.05.	05.07.–15.08.
–	26.03.–07.04.	–	25.06.–03.08.
05.02.–16.02.	26.03.–04.04.	18.5.–22.05.	09.07.–18.08.
01.02.–02.02.	19.03.–03.04.	30.04./ 22.05.–02.06.	28.06.–08.08.
–	26.03.–07.04.	22.05.–25.05.	16.07.–28.08.
–	26.03.–06.04.	–	25.06.–03.08.
12.02.–17.02.	26.03.–06.04.	–	25.06.–03.08.
12.02.–23.02.	29.03.–06.04.	*11.05./ 19.05.–22.05.*	02.07.–10.08.
05.02.–09.02.	26.03.–31.03.	11.05.–18.05.	28.06.–08.08.
–	29.03.–13.04.	11.05.	09.07.–18.08.
05.02.–09.02.	26.03.–07.04.	*11.05.*	02.07.–11.08.

Ferienkalender 2018/19

Land	Herbst 2018	Weihnachten 2018/2019
Baden-Württemberg	29.10.–02.11.	24.12.–05.01.
Bayern	29.10.–02.11./ 21.11.	22.12.–05.01.
Berlin	22.10.–02.11.	22.12.–05.01.
Brandenburg	22.10.–02.11.	21.12.–05.01.
Bremen	01.10.–13.10.	24.12.–04.01.
Hamburg	01.10.–12.10.	20.12.–04.01.
Hessen	01.10.–13.10.	24.12.–12.01.
Mecklenburg-Vorpommern	08.10.–13.10./ 01.11.–02.11.	24.12.–05.01.
Niedersachsen	01.10.–12.10.	24.12.–04.01.
Nordrhein-Westfalen	15.10.–27.10.	21.12.–04.01.
Rheinland-Pfalz	01.10.–12.10.	20.12.–04.01.
Saarland	–	–
Sachsen	08.10.–20.10.	22.12.–04.01.
Sachsen-Anhalt	01.10.–12.10.	19.12.–04.01.
Schleswig-Holstein	01.10.–19.10.	21.12.–04.01.
Thüringen	01.10.–13.10.	21.12.–04.01.

Bibi kann uns in den nächsten Ferien gern wieder besuchen kommen.

Die Ferientermine für das Saarland waren zum Zeitpunkt der Erstellung dieses Heftes noch nicht bekannt. Alle Angaben ohne Gewähr. Nachträgliche Änderungen einzelner Bundesländer sind vorbehalten.

Winter 2019	Ostern / Frühjahr 2019	Himmelfahrt / Pfingsten 2019	Sommer 2019
–	15.04.–27.04.	11.06.–21.06.	29.07.–10.09.
04.03.–08.03.	15.04.–27.04.	11.06.–21.06.	29.07.–09.09.
04.02.–09.02.	15.04.–26.04.	31.05./11.06.	20.06.–02.08.
04.02.–09.02.	15.04.–26.04.	31.05.	20.06.–03.08.
31.01.–01.02.	06.04.–23.04.	31.05./11.06.	04.07.–14.08.
01.02.	04.03.–15.03.	29.04.–03.05./ 31.05.	27.06.–07.08.
–	14.04.–27.04.	–	01.07.–09.08.
04.02.–15.02.	15.04.–24.04.	22.05./ 07.06.–11.06.	01.07.–10.08.
31.01.–01.02.	08.04.–23.04.	31.05./11.06.	04.07.–14.08.
–	15.04.–27.04.	11.06.	15.07.–27.08.
25.02.–01.03.	23.04.–30.04.	–	01.07.–09.08.
–	–	–	01.07.–09.08.
18.02.–02.03.	19.04.–26.04.	31.05.	08.07.–16.08.
11.02.–15.02.	18.04.–30.04.	31.05.–01.06.	04.07.–14.08.
–	04.04.–18.04.	31.05.	01.07.–10.08.
11.02.–15.02.	15.04.–27.04.	31.05.	08.07.–17.08.

Meine Adressen

Name

Adresse

Telefon

E-Mail

Geburtstag

Name

Adresse

Telefon

E-Mail

Geburtstag

Name

Adresse

Telefon

E-Mail

Geburtstag

Name

Adresse

Telefon

E-Mail

Geburtstag

Name

Adresse

Telefon

E-Mail

Geburtstag

Name

Adresse

Telefon

E-Mail

Geburtstag

Name

Adresse

Telefon

E-Mail

Geburtstag

Name

Adresse

Telefon

E-Mail

Geburtstag

Meine Notizen

Meine Notenübersicht

Fach:	1. Halbjahr			ZZ	2. Halbjahr			JZ
Klassenarbeiten								
Tests								
mündliche Noten								

Fach:	1. Halbjahr			ZZ	2. Halbjahr			JZ
Klassenarbeiten								
Tests								
mündliche Noten								

Fach:	1. Halbjahr			ZZ	2. Halbjahr			JZ
Klassenarbeiten								
Tests								
mündliche Noten								

Fach:	1. Halbjahr			ZZ	2. Halbjahr			JZ
Klassenarbeiten								
Tests								
mündliche Noten								

Fach:	1. Halbjahr			ZZ	2. Halbjahr			JZ
Klassenarbeiten								
Tests								
mündliche Noten								

Fach:	1. Halbjahr			ZZ	2. Halbjahr			JZ
Klassenarbeiten								
Tests								
mündliche Noten								

ZZ: Zwischenzeugnis   JZ: Jahreszeugnis

Fach:	1. Halbjahr	ZZ	2. Halbjahr	JZ
Klassenarbeiten				
Tests				
mündliche Noten				

Fach:	1. Halbjahr	ZZ	2. Halbjahr	JZ
Klassenarbeiten				
Tests				
mündliche Noten				

Fach:	1. Halbjahr	ZZ	2. Halbjahr	JZ
Klassenarbeiten				
Tests				
mündliche Noten				

Fach:	1. Halbjahr	ZZ	2. Halbjahr	JZ
Klassenarbeiten				
Tests				
mündliche Noten				

Fach:	1. Halbjahr	ZZ	2. Halbjahr	JZ
Klassenarbeiten				
Tests				
mündliche Noten				

Fach:	1. Halbjahr	ZZ	2. Halbjahr	JZ
Klassenarbeiten				
Tests				
mündliche Noten				

Meine Pausenknobelei

Tina versucht, ein Rätsel zu Wörtern mit **v** zu lösen. Mach mit!

waagerecht:
1. Ein anderes Wort für Gardine.
2. In dieses Gefäß kann man Blumen stellen.
3. Dieser große Berg kann Feuer spucken.
4. Ein anderes Wort für lieb, artig.
5. Tina und Alexander mögen sich sehr, sie sind …
6. Wenn etwas zu Ende ist, dann ist es …

senkrecht:
7. Das Gegenteil von leer.
8. Wenn viele Fahrzeuge auf den Straßen sind, dann ist starker …
9. So nennt man einen gruseligen Blutsauger wie Graf Dracula.
10. Dieses Instrument hat weiße und schwarze Tasten.
11. So heißt der Monat vor dem Dezember.
12. Wenn du Sport machen willst, wirst du Mitglied in einem …
13. Graf Falko von Falkenstein ist Alexanders …

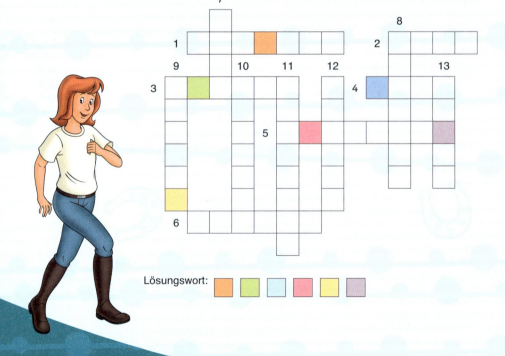

Lösungswort:

Setze die drei Rechenketten fort. Benutze immer das Ergebnis
(die Summe) der vorangegangenen Aufgabe als neuen Summanden
der nächsten Aufgabe.

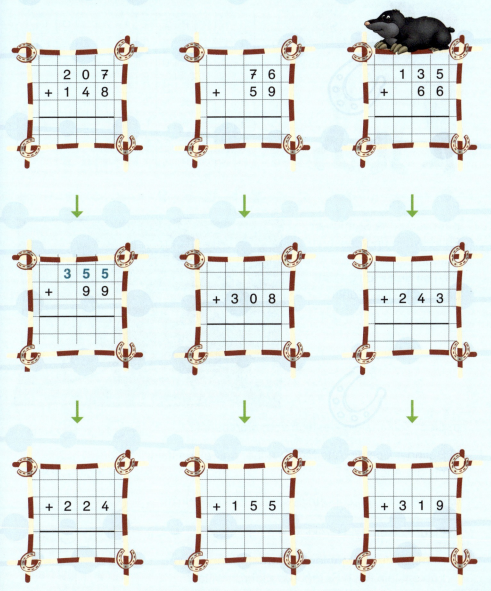

```
    2 0 7          7 6          1 3 5
  + 1 4 8        + 5 9        +   6 6
  ---------      ---------    ---------


    3 5 5
  +   9 9        + 3 0 8      + 2 4 3
  ---------


  + 2 2 4        + 1 5 5      + 3 1 9
  ---------
```

Die Lösungen findest du hinten im Heft.

Meine Pausenknobelei

Bibi, Tina und Alex knobeln um die Wette. Findest du die acht versteckten Nomen mit den Endungen **-nis** und **-in**?

G	K	Ä	R	Z	T	I	N	R	O	T	I
R	E	I	T	E	R	I	N	Z	E	E	N
Ä	N	F	E	U	I	K	U	T	I	N	D
F	N	E	R	G	E	B	N	I	S	I	Ä
I	T	N	A	N	S	E	I	N	O	N	N
N	N	S	S	I	E	G	E	R	I	N	G
G	I	A	T	S	N	L	N	I	S	T	U
E	S	G	E	S	T	Ä	N	D	N	I	S

Kennst du das Städtchen Falkenstein und dessen Umgebung?
Sieh dir den Plan an und beantworte die Fragen.

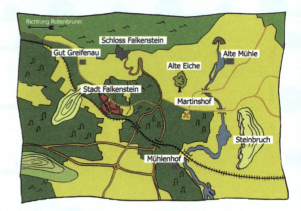

a) Liegt Falkenstein westlich vom Martinshof? ◯ Ja ◯ Nein

b) Befindet sich die Alte Mühle näher an Falkenstein als die Alte Eiche? ◯ Ja ◯ Nein

c) Gibt es eine Eisenbahnlinie nach Falkenstein? ◯ Ja ◯ Nein

d) Liegt Falkenstein direkt an einem Fluss? ◯ Ja ◯ Nein

e) Kommst du am Mühlenhof vorbei, wenn du von Falkenstein nach Rotenbrunn fahren willst? ◯ Ja ◯ Nein

Wie putze ich ein Pferd? Bestimme die Reihenfolge der einzelnen Arbeitsschritte.

○ Dabei streifst du die Kardätsche stets am Striegel sauber.

○ Als Letztes reinigst du die Hufe mit dem Hufauskratzer. Mit dem Dorn löst du grobe Verschmutzungen unter dem Huf. Schließlich entfernst du den Dreck mit der Bürste.

○ Nach dem Striegeln bürstest du das Fell gründlich mit der Kardätsche ab. Achte darauf, dass du immer mit dem Strich, also in Fellrichtung arbeitest.

○ Augen und Nüstern darfst du aber nicht bürsten. Diese säuberst du vorsichtig mit dem Handtuch.

○ Zuerst fährst du mit dem Striegel in kreisenden Bewegungen über den Hals, den Rücken und die Seiten. Dabei raust du das Fell auf und löst den Schmutz.

○ Anschließend putzt du den Behang. So nennt man die langen Haare des Pferdes.

6 Am Kopf verwendest du die weiche Kopfbürste und streichst damit in Fellrichtung.

○ Für den Schweif nimmst du die Wurzelbürste. Wichtig ist, dass du nie hinter dem Pferd stehst, denn es könnte treten und dich verletzen. Die Mähne kämmst du mit dem Mähnenkamm.

Die Lösungen findest du hinten im Heft.

Montag

Dienstag

Mittwoch

Donnerstag

○
○
○
○
○
○

Freitag

○
○
○
○
○
○

Samstag / Notizen

Montag

Dienstag

Mittwoch

Donnerstag

Freitag

Samstag / Notizen

Montag

Dienstag

Mittwoch

Donnerstag

Freitag

Samstag / Notizen

Montag

Dienstag

Mittwoch

Donnerstag

Freitag

Samstag / Notizen

Montag

○
○
○
○
○
○
○
○

Dienstag

○
○
○
○
○
○
○
○

Mittwoch

○
○
○
○
○
○
○
○

Samstag / Notizen

Montag

Dienstag

Mittwoch

Donnerstag

Freitag

Samstag / Notizen

Montag

Dienstag

Mittwoch

Donnerstag

Freitag

Samstag / Notizen

Montag

Dienstag

Mittwoch

Donnerstag

Freitag

Samstag / Notizen

Montag

Dienstag

Mittwoch

Montag

Dienstag

Mittwoch

Donnerstag

Freitag

Samstag / Notizen

Montag

Dienstag

Mittwoch

Donnerstag

Freitag

Samstag / Notizen

Montag

Dienstag

Mittwoch

Donnerstag

Freitag

Samstag / Notizen

Montag

Dienstag

Mittwoch

Donnerstag

Freitag

Samstag / Notizen

Montag

Dienstag

Mittwoch

Samstag / Notizen

Montag

Dienstag

Mittwoch

Donnerstag

Freitag

Samstag / Notizen

Woche von   **bis**

Montag

Dienstag

Mittwoch

Donnerstag

Freitag

Samstag / Notizen

Montag

Dienstag

Mittwoch

Donnerstag

Freitag

Samstag / Notizen

Montag

Dienstag

Mittwoch

Donnerstag

Freitag

Samstag / Notizen

Montag

Dienstag

Mittwoch

Donnerstag

Freitag

Samstag / Notizen

Montag

Dienstag

Mittwoch

Donnerstag

Freitag

Samstag / Notizen

Montag

Dienstag

Mittwoch

Donnerstag

Freitag

Samstag / Notizen

Montag

Dienstag

Mittwoch

Donnerstag

Freitag

Samstag / Notizen

Montag

Dienstag

Mittwoch

_____ ○
_____ ○
_____ ○
_____ ○
_____ ○
_____ ○
_____ ○

Donnerstag

_____ ○
_____ ○
_____ ○
_____ ○
_____ ○
_____ ○

Freitag

Samstag / Notizen

Montag

Dienstag

Mittwoch

Donnerstag

Freitag

Samstag / Notizen

Montag

○
○
○
○
○
○
○

Dienstag

○
○
○
○
○
○
○

Mittwoch

○
○
○
○
○
○
○

Donnerstag

Freitag

Samstag / Notizen

Montag

Dienstag

Mittwoch

Donnerstag

Freitag

Samstag / Notizen

Montag

Dienstag

Mittwoch

Donnerstag

Freitag

Samstag / Notizen

Montag

Dienstag

Mittwoch

Donnerstag

Freitag

Samstag / Notizen

Woche von   **bis**

Montag

Dienstag

Mittwoch

Donnerstag

○
○
○
○
○
○

Freitag

○
○
○
○
○
○

Samstag / Notizen

Montag

Dienstag

Mittwoch

Donnerstag

Freitag

Samstag / Notizen

Woche von   **bis**

Montag

Dienstag

Mittwoch

Donnerstag

Freitag

Samstag / Notizen

Montag

Dienstag

Mittwoch

Donnerstag

Freitag

Samstag/Notizen

Woche von   **bis**

Montag

○
○
○
○
○
○
○
○

Dienstag

○
○
○
○
○
○
○
○
○

Mittwoch

○
○
○
○
○
○
○

Donnerstag

Freitag

Samstag / Notizen

Montag

Dienstag

Mittwoch

Donnerstag

○
○
○
○
○
○

Freitag

○
○
○
○
○

Samstag / Notizen

Montag

Dienstag

Mittwoch

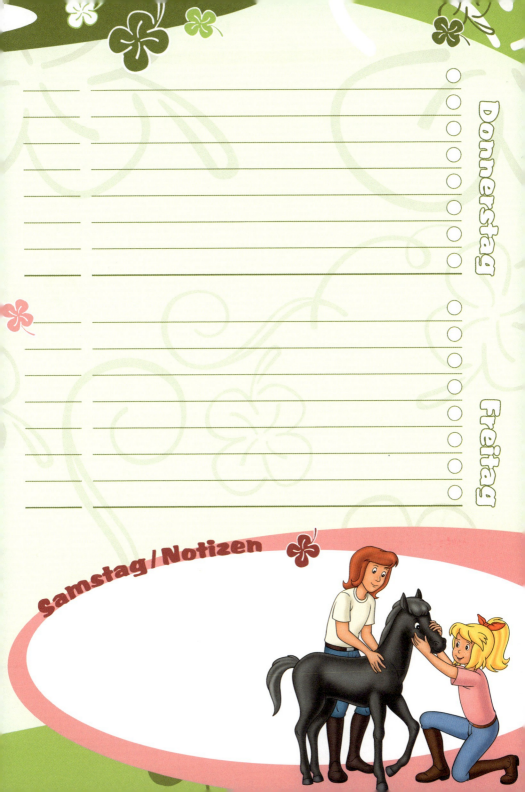

Samstag / Notizen

Montag

Dienstag

Mittwoch

Donnerstag

Freitag

Samstag / Notizen

Woche von _____ **bis** _____

Montag

Dienstag

Mittwoch

Samstag / Notizen

Montag

○
○
○
○
○
○
○
○

Dienstag

○
○
○
○
○
○
○
○

Mittwoch

○
○
○
○
○
○
○
○

Donnerstag

○
○
○
○
○
○

Freitag

○
○
○
○
○
○

Samstag / Notizen

Woche von **bis**

Montag

Dienstag

Mittwoch

Donnerstag

Freitag

Samstag / Notizen

Woche von   **bis**

Montag

Dienstag

Mittwoch

Donnerstag

Freitag

Samstag / Notizen

Montag

Dienstag

Mittwoch

Donnerstag

Freitag

Samstag / Notizen

Montag

○
○
○
○
○
○
○
○

Dienstag

○
○
○
○
○
○
○
○

Mittwoch

○
○
○
○
○
○
○

Donnerstag

Freitag

Samstag/Notizen

Montag

Dienstag

Mittwoch

Donnerstag

Freitag

Samstag / Notizen

Montag

Dienstag

Mittwoch

Donnerstag

Freitag

Samstag / Notizen

Tinas Schule und mehr

Weißt du eigentlich, was Tina an ihrer Schule besonders mag und was sie in ihrer Freizeit macht?

Meine Schule heißt:

Schule Falkenstein

Mein Lieblingsfach ist:

Sport

Das lese ich gern:

Pferdebücher natürlich

Mein(e) Lieblingslehrer(in) heißt:

Ich mag alle meine Lehrer und Lehrerinnen.

Toll an meiner Schule ist, dass:

sie so schön im Grünen liegt und ich es nicht weit dorthin habe

Nicht so toll ist, dass:

es an der Schule kein Fach „Reiten" gibt

In den Pausen mache ich am liebsten:

Träumen vom Wettreiten mit Bibi und Alex

Mein bester Freund heißt:

Alexander von Falkenstein

Meine beste Freundin heißt:

Bibi natürlich, auch wenn sie leider nicht
auf meine Schule geht

Mein Lieblingsessen ist:

Muttis Butterkuchen (der ist so lecker!)

Meine Lieblingsfarbe ist:

türkis

Mein Lieblingsfilm ist:

alle Pferdefilme

Meine Lieblingsmusik ist:

„Das sind Bibi und Tina …" das Lied, das
Bibi und ich uns ausgedacht haben

Mein absoluter Traumberuf ist:

Tierärztin

Meine Schule und mehr

Jetzt du! Was gefällt dir an deiner Schule besonders? Trage ein, was du sonst noch so magst!

Meine Schule heißt:

_____

Mein Lieblingsfach ist:

_____

Das lese ich gern:

_____

Mein(e) Lieblingslehrer(in) heißt:

_____

Toll an meiner Schule ist, dass:

_____

_____

Nicht so toll ist, dass:

_____

_____

In den Pausen mache ich am liebsten:

_____

Mein bester Freund heißt:

_____

Meine beste Freundin heißt:

_____

_____

Mein Lieblingsessen ist:

_____

Meine Lieblingsfarbe ist:

_____

Mein Lieblingsfilm ist:

_____

Meine Lieblingsmusik ist:

_____

Mein absoluter Traumberuf ist:

_____

Juhu! Sommerferien

Bibi freut sich schon auf die Sommerferien, denn die wird sie bei ihrer Freundin Tina auf dem Martinshof verbringen.

Was machst du in den Sommerferien?

_____

Wohin möchtest du gern mal verreisen?

_____

Was würdest du auf jeden Fall mitnehmen?

_____

Was möchtest du dort unternehmen?

_____

Welche Musik wirst du dann dabeihaben?

_____

Wo warst du in den letzten Sommerferien?

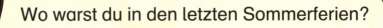

Wohin wollen deine Freunde und
Freundinnen verreisen?

_____

_____

_____

Was war dein schönstes Urlaubserlebnis?

_____

Hier ist Platz für dein liebstes Urlaubsfoto:

Das Einmaleins

x	0	1	2	3	4	5	6
0	0	0	0	0	0	0	0
1	0	1	2	3	4	5	6
2	0	2	4	6	8	10	12
3	0	3	6	9	12	15	18
4	0	4	8	12	16	20	24
5	0	5	10	15	20	25	30
6	0	6	12	18	24	30	36
7	0	7	14	21	28	35	42
8	0	8	16	24	32	40	48
9	0	9	18	27	36	45	54
10	0	10	20	30	40	50	60
11	0	11	22	33	44	55	66
12	0	12	24	36	48	60	72

7	8	9	10	11	12
0	0	0	0	0	0
7	8	9	10	11	12
14	16	18	20	22	24
21	24	27	30	33	36
28	32	36	40	44	48
35	40	45	50	55	60
42	48	54	60	66	72
49	56	63	70	77	84
56	64	72	80	88	96
63	72	81	90	99	108
70	80	90	100	110	120
77	88	99	110	121	132
84	96	108	120	132	144

Lösungen zur Pausenknobelei

Lösungswort: HUBERT (der Hahn)

$$207 + 148 = \mathbf{355}$$
$$355 + 99 = \mathbf{454}$$
$$454 + 224 = \mathbf{678}$$

$$76 + 59 = \mathbf{135}$$
$$135 + 308 = \mathbf{443}$$
$$443 + \mathbf{155} = \mathbf{598}$$

$$135 + 66 = \mathbf{201}$$
$$201 + 243 = \mathbf{444}$$
$$\mathbf{444} + 319 = \mathbf{763}$$

Waagerecht: Ärztin, Reiterin, Ergebnis, Siegerin, Geständnis
Senkrecht: Gräfin, Kenntnis, Zeugnis

a) Ja b) Nein c) Ja d) Nein e) Nein

Die Arbeitsschritte zum Pferdeputzen von oben nach unten:
3 – 8 – 2 – 7 – 1 – 4 – 6 – 5

© 2016 KIDDINX Studios GmbH, Berlin
Redaktion: Jutta Dahn
Lizenz durch KIDDINX Media GmbH,
Lahnstraße 21, 12055 Berlin

© Duden 2016   D C B A
Bibliographisches Institut GmbH, Mecklenburgische Straße 53, 14197 Berlin

Redaktion: David Harvie
Herstellung: Ursula Fürst
Layout und Satz: tiff.any GmbH, Berlin
Umschlaggestaltung: KB&B – The Kids Group
Druck und Bindung: Heenemann GmbH & Co. KG, Bessemerstraße 83–91, 12103 Berlin
Printed in Germany

ISBN 978-3-411-72102-3
www.duden.de

www.bibiundtina.de

Mein Klassenfoto